www.ingramcontent.com/pod-product-compliance
Lightning Source LLC
LaVergne TN
LVHW041100150826
845673LV00007B/1855

از روزهای رفته
و
لحظه های مانده

دفتر سوم

گرد آورد سروده های بلند

تجلی کشاورز

چاپ اول: سپتامبر ۲۰۲۲ (شهریور ۱۴۰۱)

First Edition: September 2022
Tajalli Keshavarz
tajalli.keshavarz@gmail.com

ISBN: 978-1-914940-01-9

طراحی و چاپ: انتشارات پژواک پارسه (لندن) ۲۰۲۲
Persian Echo

فهرست

صفحه

شعر

به ژیلا

پیشگفتار

دفتر ای دیگر، سخنی دیگر با خوانندهٔ دیگر اندیش

دفتر سوم از سروده های بلندِ من که فراهم در برابرِ توست، بازتاب ای است از پریشانی شش سال از ۱۳۸۷ تا ۱۳۹۲. و میگویم پریشانی نه بمعنی پراکندگیِ منفصل و تشویش، که بمفهومِ شوریدگی و بیقراریِ سیر در فضای ذهنیِ گسترده از تاریخ شوریدهٔ خاکمان ایران، از سنگ و گیاه و پرنده، طبیعتِ بی منطقِ پهناورِ پر طپش و جهش، بزبانِ گاه روشن و گاه انتزاعی، آهنجیده از دنیای گاه ملموس و گاه نه آسان° ملموس، جائیکه منطقِ استوارِ بخود مطمئن، جایش را به گستردهٔ بی زمان و مکانِ رها از نظم و ترتیباتِ قراردادی میدهد و آزاد از تعاریف، هم از تعریفِ آزادی، به خود میپردازد. خود ای که جامه شکافته، پوسته دریده و ریزشِ خونش از مسیر جادهٔ شیری گذشته اساطیرِ نام نشانده در فضا را چون آندرومدا بدرونِ میکِشد در ارتباطی که خورشیدها را ذرّه ذرّه در منحنیهای بی دستور و قاعده به چرخشهای مشتاق میبَرد. در این دنیای بزعمی دیوانه و برای آشنایان، عاشقانه، این اشعار به سرودن آمده و در رشدِ لحظه به لحظه شان به ترنّم رسیده اند.

هر چکامه در این دفتر، اگرچه بلند، ولی عصاره ای است از پیش آمد ها، یا برداشتی از رخداد ها گهگاه آمیخته با پندارهای پایدار و رنگارنگ، گاه فروهشته از بینشِ فرهیخته از جوششِ درون در لحظهٔ موزون با نوساناتِ ذرّاتِ هماره چرخنده. و این ابرازاتِ پیچیده که به سادگیِ کلامِ نوشتار آمده اند به آسانی در پهنهٔ ادراکِ سهل پسندانِ تنها ظاهر نگر و قاب اندیش، نگنجد که روی سخن با آنکسان است که پرده های عافیتِ تکرار و کدورت را دریده و نگاهشان ورای پوست و گوشت و استخوان میرود و ذهنشان جویای راز های پنهان در آشکارهاست.

پس چنانچه کاوشگرِ این سفرِ خواب و بیدار، این گذرِ شور انگیزِ اسرار هستی، این دفتر با تو همراه است و من که ذرّه به ذرّه ام به انحنای کلامِ آن آمیخته. ببین!

تجلی کشاورز

باد و آتش

۱۳۸۷
۲۰۰۸ میلادی/۲۵۶۷ ایرانی

خرابه های
خوابهایم
به خطوطِ
بیداری
خزیده اند
در انفجارِ
خطوطِ
تدبیر
فراموشی است
اما
پرنده های
منحنی
برگهای
یادهای
خونریز را
بمنقار
کشیده اند.
این پنجره
به طپشِ
بالهای وسیع
باز میشود
و تنهائی ام
در نگاهِ
پرنده های
شب دیده
لبخند ای است

این اطاق
سایه ام را
بکنار ای
کشید:
"دیوارهایم
خورشید را
بسته اند
و نقوشم
سرگرمیِ
این حجمِ افسرده است"

با چشمانِ
دیوار آموخته ام
مدتهاست

در جستجوی سایه ام
شاخه های
جنگلهای
گم شده را
میشکنم
وبه رودهای
بخارهای
مشکوک
میریزم
سایهٔ من
در عمقِ نگاهم
گم شده است
و کودکانِ نواحیِ
علت
و
معلول
در بازیهای
بزرگانه
سایه هاشان را
خاک میکنند

وقتیکه خاکِ
غم زده
چرخش اش را
به باد سپرد
و در کهکشانِ
جامد
ریخت
من
رنگ خونم را
میشمردم

گردِ زرد
در بادِ دیوانه
منحنی است
و باد
از کنار قدمهایم
بی شکوفه
میگذرد
با قدمهایم
بیابان
وسیع میشود
در مسیرهای
سردرگم

برگ ای
به اطاقم
کشیده است
رگهایش
خونم را
میشناسد
و چنان ساکت
از باد
هراسی ندارد
و با یادِ
حزنِ
شاخه ها
و خونم
در خود
میطپد

سکوت من
در حاشیه های
خاموشی
میخزد
صداهای پرواز
پیامهای
خنجرهای
پَرهای
گسترده اند
در آشکالِ
تنهائی ام
که در این اطاق
جامد میشود

حالا
زمانِ
شاخه های
خشک است
برای
پرنده های
خونم
که
به خاکهای دورِ
ناشناس
رفته اند
و
تنها صدای ریختنِ
پوشپرهاست
که از نفوذِ خنجرها
گذشته است
و

خانه های خیالم
در سنگینیِ
خطوطِ
ریختن
خراب میشود
سکوت
رؤیا ای است
و باد
خوابِ
پوشپرهای
نشسته بر شاخسارها را
دوره میکند

شب رسیده است
تا مرا
بیدار کند

لبهایم را
به ابرها
دوخته ام
و برای باد
چیستانهای
خنده ساز
میگویم
و پوستم
از ریختنِ
مداومِ
برگها
منزوی است.
در لحظهٔ
طلوع
رگهایم
رنگِ غروب
گرفته اند

و صدایم
سردیِ سایه های
شب است
در کنار من
هاشورهای خط خورده
راه میروند

پرنده های خونم
رفته اند
بی یادِ
پوشپر ای
و رگهایم
سایه ای
از
خاکستر اند
برگهای جوان
بر شاخه ها
باد
میشوند

طلوع
در کنارِ شاخه
مکث کرده است
برگی میافتد
و خورشید
میشکند
صدایش
خوابهای
نداشته ام را
آشفته کرده است

در بیابانِ
پر گیاه
افکارِ خالی از تشکّلم را
در هوا
میپاشم
هوای داغ
بر سنگهای سرد
میشکند
و شکسته هایش
خونم را
صدا میکند
و پوستم

در جهت های
خالی از شمارش
کشیده میشود
سایه ام
بر سنگ
حک شده است
سنگی که تنها
در خاطراتِ باد
زیست میکند

شکسته هایم را
برمیدارم
و در مسیرِ
راههای
بی اعتنا
سرازیر میشوم

فضای
برگهای
معلق
از خنجرهای
موازی
جوانه میزند
که از کنار
رگهای
خون° ریخته ام
بی نگاه ای
میگذرند
دشت
از جوانه های غاصب
دلشاد است

برای
ابر
باد ای است
برای
برگ.

این باد
خطوطِ خورشید را
میبَرَد
من
در سایه های
بی خورشید
نشسته ام
و باران
نمیبارد

آبهای
آرام
خیالشان را
در سایه های خود
زمزمه میکنند
آبهای
نزدیک
بخونم
در خیال
میریزند

و من
با مسیرهای
زمزمه
سرازیر
میشوم

لایه های باد
شب را
طویل میکند
و خوابم را
کوتاه
در نقطه های
مداوم
ضربه ها
سنگ میشوند
و
خاک.

پوستم
گوش میکند
صدای
باز شدن میآید
از
جوانه های
جاری
در
خیالهای
خوابیده ام
و
تدبیرهای
خراشه های خونم
از نسیمِ
سالخورده
بی شکل°
به دشتهای
بازِ
دیوانه
میبارند

هان
این
پوستِ
منست
که
با
نسیم
حرف میزند؟

افق
جوانه ها را
بیرون
می کِشد
و
صدای
پرنده های
نیم خواب را
که در صدای
خوابهای
محزونم
لانه کرده اند

یک نور
وسیع
میشود
و سایه های خوابم را
از غلظتِ
غبارهای
ناشناس
دور میکند

یک زمزمهٔ
رَنگ
و
سایه ام
در باد
نور
میریزد:
"بعد از
آبهای
رفته
من
عصارهٔ
سکوتِ
توام"

در کنار برگها
بوی سایه های
رفته
میآید
و پوستم
سرد میشود
آهسته
شاخه ها را
میشمارم
که با جوانه هایشان
باد را
مطرح
کرده اند
و از جداره های فصول
بی گِرِه
میگذرند

و بعد از زمان
ضربه های
خون
سرخ است
و قدمهایم
از لایه های
تیزِ
باد
بی هراس
عبور
میکنند
این
صدای
باغچه های
تبخیر
و
تبلور است
که من را
باز
زنده میکند
که با
زمزمه ای از برگهای
جوان
به خاطراتِ
پرنده هایِ

تند
و
آرام
سرازیر شوم

برگ ای
در آب
زمزمه ای کرد
و آب
در یادِ
پرنده ای
لرزید

صدای
برگ
بمن
رسیده است
و
رگهایم
از پوشپرها
خونی اند

و خون من
بر پوسته های
سالیانم
طغیان
کرده است.

خواب من
با
نطفهٔ
بیداریهای
پریشان
مخلوط
میشود
و
طپش قلبم
در گیجیِ
فلسفه های
بی
منطق
ناگهان
از خواب
به
بیدار
میریزد

این خاک
بیگانه نیست
رودهایش
در مسیرهای
بی جواب
از
برگ
و
پوشپر
پُر اند
و
باد
خاکستر را
بخواب میبرد
و آتش را
به
دیوارهایم
میکشد

این خاک
در خیال
سنگ است
و در
نگاه
آب!

پرنده
در باران
شاخه را
تجربه میکند
تا
خورشید.
من
در تداومِ
بهت
از اصولِ
سالهای
محکم
به
لحظهٔ
ساکتِ
شاخه ها
و
پرنده
رسیده ام

خون من
از تصاویرِ گم شده
اخگری است
و در انجمادِ
سنگی اش
سرخ
خیال
میسازد
در
تصاویرِ باد
ساخته ها
خنجرهای
روز
و
زخمهای
شبانه.
و در صبح
برگ ای
به اطاقم
جوانه
میکند

بدیوارهای
اطاقم
برگه های
شقایق
و
ساقه های
نیلوفر
نشت کرده اند
با حرف ای
از
پرندهٔ
باد

هر صبح
شقایق ای
باز
میشود
هر غروب
نیلوفر ای
بسته

در مسیرهای
سرگشتهٔ
باد
صدای
پرنده ای
رَنگهای
تصاویرم را
شکل میدهد
که
در کششِ
منحنی اش
محو
میشوند

در هر سکوت
خارهای
تصویر ای است
و
سنگینیِ
پاهای
نِشَسته
در
یاد

نقطه ای
در مقابلم
کوچک
میشود
من
بدنبالِ
عصارهٔ
نقطه های
بی بُعد
در تشکلِ
خیالهایم
جوانه
میزنم
و نقطه ها
در چرخشِ
نگاهم
لایه لایه
باز میشوند

در این
فضای
سیال

تعریف هایم
با من
بیگانه اند
و
تبادلاتِ
مخطط را
نمیشناسم
بادهای
رَنگیِ
آتش
نگاهم را
بخونم
میکِشند
که
سالهاست
رگهایم را
در انتظارِ
بارش
خشکیده اند
و
قلبم را
در تنفسِ
شقایقهای
رفته.

بادهای
آتش
اطاقم را
با کلامهای
آرامِ
منقلب
و
نگاههای
کشیدهٔ
هزاران
مسیر
رَنگ میزنند
و در من
بازهم
ذره ای
ملتهب
میشود

باز هم
پرنده ای
بال کشیده است
که
دیوارهایم
میلرزند
گچ
خاکستر است
و
خاکستر
باد
در جستجوی
لانه های
باد
خطوطِ
طویلِ
منطقهای
زمین های
دور
و
دور را
گشته ام
و

آتش
در ضربه های
پلکهایم
از
برگهای
چنار
تا
برگهای
نو آموخته
باد
ساخته است
در هر لحظهٔ
بی زمان
در باد
مینشینم
و
در باد
خیال
میسازم

باد را
در شاخه های
چنار
و
ساقه های
نیلوفر
میشکنم
و
از
باد
خاکسترهای
آتش بار
شعله میکشم
و اطاقم
از
رنگ
پر میشود
در هر رنگ
پوشپر ای است
که
از شقایق
به
نیلوفر میرود

و
به
برگهای
چنار
میبارد

در نفسِ
کشیدهٔ
نی
یک شکوفه
باز شده است
صورتی
شاخه را
تکان
میدهد
و من
نگاه میکنم

لرزشِ خون

۱۳۸۸
۲۰۰۹ میلادی/۲۵۶۸ ایرانی

پرنده ای
شاخه ها را
گریان
کرده است
پشتِ
پنجره ام
سنگچینِ
مرزبانانِ
پیر است
در سلکِ
ساکتِ شبانه شان
خاک من
خونی است
و
من
آرام آرام
پوستم
و
نگاهِ
آویخته از
جوانه های
خیال انگیز را

تسلیمِ
تدبیرهای جامد
کرده ام

تمامِ سالهایت
این بود؟

اکنون
این پوست
سرد است
و نگاه
در خاک
قطره قطره
خشک میشود

اکنون
خاکسترِ
سنگها
پنجره ام را
با
قطره های
شاخه های
محزون
گِل آگین کرده است
و صدای
شاخه ای
نیست
ویاد ای
از
خیمه های سالهای
سرور
و
تشکّل
نمیرود

خیمه های خنجر نشین!

در سکوتِ
زمزمهٔ
پرندهٔ
بهار

خنجرها را
میشمارم
با صدای
اعدادم
افق
از ستاره های
قطره های قرون
پر میشود:
"خنجرِ پرواز
وقتیکه
نگاهم
خوابیده بود"

خنجر کوچه های
گمشدهٔ
کوتاه!

خنجرهای
آویخته
از
شاخه های کهن
یادهایم را
پُر
کرده اند
از هراسِ
یادمانده هایم
به پوست
میگریزم
هر گوشهٔ
فراموش
آینه ایست
پُر نگاه
از
خون
در
خیمه های
اسطوره های
سرگردان
در
خونم

سکوت
در
خیمهٔ
دارا
در هر قدم
ضربه ای است
که پاهایم را
در خاک
سنگ
میکند
با
صدای
ضربه های
اساطیر
بارها
پلک زده ام
هر طپشِ
پلکم
شب
میسازد
و شب
ویران
میکند

در فضای
معلقِ
بیگانه
خنجرهایم
خانگی اند
و عصیانهای
لحظه ای ام
تبسمِ
لحظه های
دیگر اند
وقتِ
قصه
رسیده است
و من
در هراسِ
تبلور ای
تاریخی
به تحجرِ
پاهایم
دست
میکشم
در تسلیِ سنگ
بخواب میروم
و خوابِ
خنجرهایِ
بیدار
بیدارم
میکند

این
صدای
وزشِ
قاصدکهاست
در نوازشِ
هر تارشان
هزارها
خنجر است
و باد
پیامِ
هجوم است
بر پوستهای
باز مانده
از
سفرهای
تاریخ!

در
گفتگوهای
تو
با
تو
نشت میکنم

من
در حاشیهٔ
پوستِ تو
راه میروم

و سایه ات را
رنگ میزنم
من
لرزشِ
خطوطِ نور ام
در
تشویشِ
نگاهِ تو

در لایه های
پوست
پیچیده ام
در خانه های
خیالهای
منظم
و خاکْ
زیر پایم
تبخیر
میشود

در هجومِ
شمارشِ
اعدادِ
سال گرفته
خود را
میشمارم

و
هربار
در خود
با شمارۀ
مکرر
جامد میشوم

پلکهای من
از
ذرّه های
خاکسترهای
اساطیر
سنگین اند
کهْ از چرخشِ
خنجرهای
ساکتِ
شبانه
در خود
باد
میسازند

با فرودِ
بادهایِ
پر زمزمه
خنجرهای قاصدکها
حاضرند

در شبِ
اسطوره های
لغزان
خیالم
سرگردانست

در پشتِ
این
خیمه ها
سایه های
بغض
و
دسیسه
هاشورهای
خون
میکِشند

پاپیروسهای
خانهٔ
مِه
در تجسمِ
خورشید
سفر
میکنند
و
من
مشوشم

روزهای
پُر
پرده
شبهای
پُر
آینه!
حاشیه ام
در شب
با زبانه های کوتاه
میلرزد
در امید
کلامِ

آینه ها
حاشیه ام
خشک شده است
و هنوز　　　　وخنجرِ
خیال　　　　آشنای
میریزم　　　　تنها
　　　　بر مسیرهای

خنجرهای من　　　　آشنای
خودی است　　　　تنهائی ام
　　　　خراشه های

دالانهای　　　　آشنا
پرده های　　　　میکِشَد
سنگین
نگاهم را　　　　در کنارِ
کوتاه　　　　این رود
کرده　　　　مکث من
و　　　　دعوتِ
نوازشِ　　　　زخمهای
همهمه های　　　　ریزنده ای است
مهربان　　　　که
در کرکهای پر نقش　　　　در هر گذر
بخواب میرود　　　　کمین دارند

نگاه کن!

پرنده ای
بر آب
ریخت هرچه بیشتر
پاپیروس ای فراموش
بر آب ویران
شکست کند
و هنوز
شاخه ها اینجا
برگ برگهای
میسازند پرنده ای
و در سقوط
خورشید شکل میسازد
هنوز هوا
ترنمِ منقلب است
پاپیروسهاست و خونم
سرِ
در زخمِ
دورهای منحنی های
اسبهای منتزع
منتظر دارد
باد
سنگین میشود با اشاره های
تا هوا نشین
مرا بسفرهای
در عمقِ حزنش برگهای
در گمشده
اسطوره های رفته ام

اما
هنوز
باد
در خونِ
منطقی ام
یخ میزند
و
آتش
در دستهایم
جامد است

در طپشِ
نفسهای
سنگین ام
جوانه ها
خشک میشوند

و
بالهای
پروازهای
بلند
در حریقِ
ناگهان
ریزشِ
خاکستر اند

من
از گوشه های
کوچه های
کمین کرده
تا
دشتِ
باز
دویده ام
در لحظهٔ
انبساطِ
دیدنِ
گلها
تمامِ دشت
زخمی بود

در تراکمِ
اطاقم
هجومِ
لحظه های
محکمِ
صورتهاست
که در آوندهایم
با اوزانِ سربی
راسب شده اند

و
زیست°
در خَمِ
روزهای
کوچک
و
راههای
پیچیده
در خود
صدا میکند
ساعتهایم
در
ظرفِ
کوتاهِ
بلور
در
سفرند
و
هجومِ
لحظه ها
لحظه ام را
گیج
کرده است

هجومِ
سالهای
رفته
بر
لحظهٔ
مضطربِ
حاضر!
زخمِ
روزهای
درهم
و
شبهای
سرگردان

نورِ ماه
لرزشِ
شاخه هاست
و
خونم!
و هر ساقه
خنجر ای است
و هر برگ
داستانِ مرا میداند

که از
ریشه هایش
گذشته ام
و آوندهایش
از حروفم
زخمی اند
برگ ای
بر آب
نشسته
برگ ای
با باد
میلغزد
زمزمه هایشان
اشکالِ
حروفِ زیستم را
پخش میکند
پرنده ای
شنید
و در فکرِ آتش
بخورشید
ریخت

در شمارشِ
حروف
وتکرارِ
اعداد
پوستم
مخطط است
و نگاهم
در فضای
خاکستری
و
خاکستر
در زیرِ
پلکهای
آبستن
میطپد

درکنار
خنجر
و
گوشه های
لغزنده
شکوفه ای
در نگاهم
رنگ
میریزد

و
جوانه ای
با زمزمه های
نیلوفری
باز میشود

شاید
نقاهتِ
خیالم
با خواب ای
پرواز کند

صدای
قطره های
آب
در
کوچه های
باریک
و
رشدِ
نیلوفریِ
ریشه های
پاپیروس!
دانه ای
درگلدانِ
کوچک
صدایم
میکند

و
ناگهان
در آوندِ
گیاهانِ
اسطوره های
خون پرداز
میچرخم
و داستانِ
خنجرها
لبخندِ
نگاهِ
منحنی است

هجوم
درشتابِ
خطی اش
از گیاهانِ
نسیمهای
متصل
میگذرد
و
در خود
منحنی
باز
میشود

در لحظهٔ
ریزش
فورانِ
شعله هاست
من
دربارشِ
مدامِ
خنجر ها
راه میروم
و انگار
کلامِ بویناکِ
گیاهانِ
اثیری
با پوستم
تلاطمِ
آبهای
پذیراست

من
از حریرِ
صدای
پرندهٔ
آفتاب نشین
آمده ام

و
ترنم
خطوطِ
شنوایم را
هنرمندانِ
کلامهای
اسطوره های
مست
میشناسند

در سرزمین
خاکسارانِ
دیوانه
هجومِ خنجرها
امکانِ
تفاسیرِ
بی بُعد است
و
رویشِ
گیاهانِ
نادر.

آبهای
آرام
خیالشان را
در سایه های
خود
زمزمه میکنند
ودرابعادِ
لحظهٔ
رونده
به دریا
رسیده اند

اکنون
آبهای
نزدیک
بخونم
در خیال
میریزند
و من
با
مسیرهای
زمزمه
سرازیر
میشوم
تمامِ
پوستم

در آب
برگ ای است

ذرّه های
گذشته
از
خاطرات را
صدا میکنم
در یاد من
نیلوفر ای
میروید
که مرا
تا
طلوعِ دیگر
مست
و
بیدار
نگهمیدارد
رویشِ
طلوعِ
این لحظه
مرا
ازاینسوی افق
به آنسوی
شکفتن
میبَرَد

من
ابعادِ
کلامِ لحظه را
در لحظهٔ
تبخیر
و
تلالو
دیده ام
و پوستم
از تجربهٔ
ذرّه های
متصلِ
نوری
باز گشته است

که با
ذرّه های
لغزنده
میرقصد
و
طرحِ
پروازش
لحظه ای است

دیوارهای اطاقم
از
برگ است

شب
با تفسیری از خود
به خونم
میریزد
کمینگاههای

در وسعتِ
نور
پرنده ای
پیچیده است

جامدِ
تنها
در مفاهیمِ
آتش
و آفتاب
ذوب
شده اند
و کلامِ
دیروز
بافتِ
ابعادِ
دیگر است

با سفرهای
دیوانه
در
غزلهای
ابعادِ لغزنده
باز
جوانه میزنم

پروانه ای
خاکستر میشود
شعله ای
پرواز

کلامِ
لحظهٔ
جاری
در من
مکث میکند

اصلِ آتش

۱۳۸۹
۲۰۱۰ میلادی/۲۵۶۹ ایرانی

زن
در عمقِ
جنگل°
باد است
پرهای
بلندِ
آشنا را
در هم
میکِشد
در هر ضربه
صدائی است
در هر صدا
رمز ای
همرقصِ
قدمهای
هاشورهای
بیزمانِ
منحنی است.
من
بر سکوی
باد
نشسته ام
و حروفِ
رمز
در شوقِ خونریز ام
از خود
باز میشوند

پوست من
به انحنا ای
دست کشیده است
که
از ابراز
رمز
میسازد
و رموز قرنها
دست آموزِ
آشکالِ سادهٔ
جاری اش
عریان میشوند
انگشتانم
از نوسانِ
صدایِ
پوشپر
در گوش تو
سکوت ای
پوشپرانه
میخوانَد

عصارهٔ
افق
در خوابهایم
ریخته است
که
در افق
منحنی میشود
و
بیداری ام را
بخود
میکشد
صدای
پاپیروسهاست
در
آفتاب

صدای علف
بر پاپیروس
ریخته است
با
یادهای
منحنی
در
باد
آتش
میسازد

انحنای
شعله ها
از
لرزشِ
برگهای
علف
علف است
در
نسیمِ
نگاهِ

نیل
صدای
قطره های
باد
قطعی است

لایه های
نگاهت
رمزِ
سئوالِ
در هم ای است
که از برگهای
جلبکهای
جوانی ام
به
خاکهای
ناظرِ
لحظه های تبخیر
ضربه میزند

افق
نقطه
نقطه
در برگ
باز میشود
و
انحنای برگ
با صورتِ خاک
میلرزد

آرام
افق را
در دستهایم
باز میکنم
پرنده ای
به خورشید
منحنی
میکشد
و خیالم
خاکسترهای
نیل را
به قله های منتظر
میبَرد

پوستم
بر ساقهٔ
پاپیروس
بخواب میرود
و در منقارِ
پرندهٔ
سایه ام

به سرزمینهای
آشنای
ناشناخته
میروم
پرنده
در برگ
بال
میسازد
و برگ
در باد
مینشیند
هر پوشپر
اخگر ای است
که پلکهایم را
تکان میدهد
با هر
جهش
ازسده ها
میگذرم
در هر سده
آه ای است
در هر
ذرّه
خون ای
که
پروازم را
رنگی میکند

صدای پوشپر
میآید
زمزمهٔ
آتش!
زن
لایه های
آتش را
نفس میکشد
و از صدایش
پرنده های
عریان
به سرزمینهای
خنجر
و
کمان
پرواز
میکنند
در عصارهٔ آتش
جریانِ
آوندهای
پاپیروس
جوانه های
برگ
میزنند

و در لرزشِ
برگهای
خطوطِ
نیلی°
سرخ
پروانه های
آتش ساز
تخیلاتِ
منحنی
بر باد
میریزند
و آتش
تند میشود

در توازی
بالهای
پروانه های
خاکستر
و
لایه های
پریشان
از
پوشپرهای
گذشه

از
پرواز
مسیرهای گمشدگان
پیداست

حروف من
تشکلِ گیاه
در سطوحِ
عصارۀ خاک اند
که ابرازِ اعماق
را
ساده کرده اند

زبانۀ آتش
نگاهم را
صدا میکند:
"مژه های
خاک نشین ات را
دیده ام
منحنیِ
موازی ات
افق را
رنگ میزند
و خاک
به پروازهای دور
میرود"

زمزمه ای
بر پوستم
نسیم
میکِشَد

و آوندهایم
از رموزِ
حروفِ
رفته در خواب
گرم میشوند
آهسته
پایم را
در بسترِ
خوابهای
گریزان
گذاشته ام
و با
نسیمِ برگها
منحنی ام
با رقصِ منحنی های
بی زمان
ناگهان
هم نشستِ
پیچشِ آتشِ
همیشه
عصارهٔ
کلامِ
گیاه ام
در
عمقِ
آینه های
خود° آفتاب

چهره های
تبخیر
در
پروازهای
آتش نشین ام
باز میشوند
و
بالهایم را
در نبض
زرد
و
سرخ
ترسیم
میکنند

در تبادلِ
ذرّه هایم
با جرقه های
پوشپر
من
در حریقِ
لحظه های
مسلسل
زیسته ام
و از
قصه های
خاکستر
و
دود
و
برگ
و
باد
میآیم
و پوشپرهایم
همه
از آتش اند

در آوندهایم
خانه های پرواز
ریخته ام

در هر خانه
لایه ای است
از هر لایه
نسیم ای
در شمارشِ لایه ها
از خون
گم میشوم
این
لایهٔ پوشپرهای
گرم است
با
بوئی
از
آنکس
که میدانم
این
لایهٔ
مترنمِ
آتش
در انحنای
خود
این
لایهٔ
لغزندهٔ
پرواز است
از
برگهای
نوشته

تا
برگهای
فصل° دیده
که در خود
جوانه میزنند
و
از خود
باد

دستم را
به نسیم میکشم
"قصه ای پیش آور
که این خاک
در ابرازِ لایه هایت
صبور است"

خنجر من
بوی اشک
میدهد
و قطره هایش
از عصارهٔ من
زخمی اند

پوست من
ازشورش
خویش
لایه میریزد
هنوز
از زخمِ
خانگی
تا
بغضِ
ریخته
بر آوندهای امیدوارم
در قرون
بر خویش
میکوبم
من
در افسوسِ
انکار
هر بار
در دهلیزهای
فراموش
خاموش میشوم

و هیچ آتشی
گناه سیاوش را

نمیسوزد
قمّه های من
آماده اند
که در درد سالانه
زخمِ
انکار خود را
در شکل
اغفال
و
اشک

فراموش کنند
در پوزش
قرن دیده
انگار
جوانهٔ
نیل
بجستجوی ابراز
رفته است

جرقّه
در بوته های
دشتِ
ستونهای
سوخته
زندانی است
و

پرومتهٔ
دیارِ
ندامت
یادنامه های امیدش را
به آب
داده است

بر بالهای
کتابهای
ننوشته
مینشینم
وبا رموزِ
از یاد رفته
اورادِ
ناشناس را
فرا میخوانم
که تدبیر
پرواز را
در دشت
افسرده
پوشپرکنم

شاید
زمانِ
تبخیرِ
جریحهٔ
جمشید است
که اینطور
اسبانِ
شورش انگیز
بر برگهای
باد
شیهه میکشند
و
گیاهانِ
ترکیباتِ
باستانی
منحنی هایشان را
بیرون
کشیده اند

من
پوشپرهایم را
در آتشِ
سیاوش
میریزم
و در نظارهٔ
شورشِ جمشید
پرواز
میشوم

مشعلهای
شبانه
با جوانهٔ خورشید
خاموش اند
اینجا
خاکِ
فرسوده ای است
پوسته های
خشک
با ضربه های
پوست
در صفحاتِ
دستور
و
آزادی
تکان میخورند
با هر تکان
رنگ ای
میرود
و
خاطره ای
هاشور
میخورد
خاکِ
فرار
از
خود

در
قطره های
ریخته
در
خاکستر!
خاکِ
خورشیدهای
فراری
و
سایه های
سرگردان
این
شکلِ
آن
کمانکش است
ذرّه هایش
صدایم
میکند
این
گمانی
از
ستونهای
ناظر
با فریادی
از
سئوالهای
محروم!

پروانه های
حزین
موم ها را
به آتش
کشیده اند
و رنگ
بالهایشان
از
شعله هاست
من
از
ریزش
قطره های
موم
بر
خاکستر
برآمده ام

من
تشکّل
قطره های
خاکسترم
بر
گیاه

و
جوانه های
بی خیال
از
تصاویرِ
قرونِ
من
باز میشوند

آتش
در زیرِ
بال
در پرواز
بال
میگیرد!
و
منقارِ
پرندهٔ
ساکت
بر موم
طرح
میکِشد

بر
نقشها
چشم
ساخته ام
و
بر
خطوط منحنی

سایه ای
از آینه
میگذرد
جرقه ای
بر آینه
مینشیند

و
خاکستر ای
پرواز میکند
پرنده های
مهاجر
راهِ نگاهم را
میدانند
در پشتِ پلکهایم
جای
رسیدن است
و

خاکسترِ
پوشپر
آینه را
خراش میدهد
از زخمِ منحنی
جرقه
پرواز میکند
فضای نگاهم
از پوشپرهای
معلق
و
ابرازِ
جرقه ها
پُر است

نقشِ آتش
بر سنگ
خوابِ پرومته را
سرخ کرده است
از آتش
تا خورشید
قطره های جم
پوستِ ستاره ها را
بیدار میکند
در
بهارِ
خاک

من
در منطقِ
لحظه های
فردا نشستهٔ
دیروز
از میوه های
عبرت
و
تنبیه
گذشته ام
و آتشِ سیاوش را
به کارگاهِ
شقایق
و
نیلوفر
میکشم
مِه است
یا
خاکستر؟
سکوت
تعمقِ
خاموشی است
در
زخمهای
پوشیده

با
قمّه های
پشت من
کودکانِ من
قرنها
با نامهای
غاصب
راه میروند
و هربار
در تردّدِ نامهایشان
افسوسِ
"آسیابانِ پیر"
زنده میشود
کودکانِ من
لکه های مرا
بر پوسته های گِل نشین
حمل کرده اند
در گِلِ
خشک
خیانت
بخونم
خرابه های
کسری
و
پارسه را
در نامهای
غاصب
زخم میزند

با تبسمِ
شبانه ات
درافقِ
نسیم
نشسته ای!
زنجیرهایم
گمگشتهٔ
خود است
و با هر تردّدِ یاد
سنگین تر
میشود
با نامِ
دیگر ای
صدایم کن
نام ای
از آتش
و
برگ
تا در صبحِ
نسیم
در پرنده ای
شکلِ خونم را
پیدا کنم

از تکرارِ
قصه هایم
در خاکستر
فرو میریزم
خانهٔ من
کنارهٔ شعله هاست
در پهنهٔ
کناره ها
خون
از پوست
و پروانه
از پیله
بیرون میریزد
در آینه های
زخم
نام من
در مفاهیمِ
خیانت
و
افسوس
پیچیده است
لایه های
خاکستر
در
قطره های
سالهای
ضربه های

من
به
من
سنگ شده اند
و آتش
در پوشپرهای خیس
نمیگیرد

در خاکِ
نوحه های
گمراه
و
نمادهای
سوگ
و
ندامت
چه زمزمه ای
در
قطره ها
مرا بآبهای مصمم
وصل میکند؟
در مسیرِ
جوانه های
خوش سیرت
خوابِ
پروانه ها
سبک است

حاشیهٔ
برگ ای
در سقوط
رنگش را
به باد
میسپرد
حاشیهٔ
پوشپر ای
در سقوط
تشکلِ
جوانِ
پروازش را
به اخگرِ
خفته
در
خاکستر

حاشیهٔ
آتش
تنها
نیست

با عصارهٔ
سکوتم
فصولِ
خواب
و
جوانه را
منحنی
میکند

در خاکِ
خشکی
و
ساقهٔ
علفی
کلامِ
نسیم
با
صخره های
سالدیده
ریزشِ
نقشهای
اوهامِ
خود
بر
خود
است

در شکفتنِ
سنگ
جرقه ای
آزاد
میشود
و
نقوشِ
مخططِ
قمّه گرا
با نوسانِ
ساقه های علفی
دراصلِ
انحنا
به چرخش دیگر
میروند

من
با ساحرانِ
در خود ریخته
خود را
دیده ام
در هر خود
ساحر ای
سر میکشد

اکنون
زمان
ترنمِ
ساحرانه
بر خاکِ
افسرده
و
هوای
هر لحظه
راسب
است
ساحرانِ
بِی زمان
نِگاهگرانِ
خارهای
خورشید اند
با هر نگاه
خار ای
غلاف
میشکند

ساحرِ اول
از پروازِ خار
پرهای کشیدهٔ
پرندهٔ خورشید خوار را
در آتشِ
ناپیدا
میاندازد

ساحر دوم
در تبسمِ
شبانه
سَحَر را
رنگ میکند

ساحر سوم
شمارش
اعدادِ
نشسته
درکتبِ
وعده و اوهام را
به گردشِ
کهکشانهای
بی بُعد
میپاشد

زبان من
در نگرشِ
ساحرانِ
بی شمارش
از حسابِ
خود
خارج شده است
در فضای
شوریدهٔ
بی دادرس

ساحر ای
اینجاست
من
در خواهشِ
پوستت
پوشپرهای
خفته را
از قرون
بیرون
کشیده ام
جرقه هایت
حاضرند؟

ساحر ای
منحنی های زبانه
میکِشد

تمامِ شب
در وسوسهٔ
سَحَر
جرقه هایم
تاریک اند
با ریزشِ
افق
یک پوشپر
جوانه میکنم

ساحر ای
تارهایش را
منحنی
باز کرده است
این پرنده
از کجاست؟

درمسیرِ
اخگر نشینانِ
بی فرجام
جمشید
جام ای است
در
دستِ
قصه های
رها
از پایان
در لحظهٔ
خود آوا
در بُعدِ
عصارهٔ
شقایق
و
تبخیرِ
دادِستان

آتش
در نگاهِ
سیاوش
رام است

افسون سازانِ
آینه دست
به تبادلِ
ابرازِ
خورشید
و
آتش
میروند.
در من
صدای
کوتاه ای
بدشتِ
سیاوش
جاری است
و
نبضِ
علفی
به نقوشِ
دیگر ای
باد
میسراید

صدای آتش
خوابم را
بدستِ
پوشپرها
سپرده است
بر بالِ
پوشپرها
به زیستِ
ابعادِ
دیوانه
سرازیر میشوم

ساحر ای
آینه
بر سنگ
میکوبد
در غلتیدنِ
سنگهای مجروح
جرقه ای
دشت را
روشن
کرده است

پرنده ای
بر نگاهم
سایه میاندازد
برگهایش را
بمنقار میبرد
هر برگ
قصه ای
در آوند
میچرخد
این شهرِ
یادهای
گلهای
وحشی
و درختانِ سرکش
بود
این
شهر
بی دروازه
که زخمِ
مسافرانِ
دوُر دیده را
در جشنِ آتش
بالتیام
میسپرد
و این
گزارشِ
آتشِ
آسیابانهای
پیر است

ناگهان
سکوت
باز میشود
از دور
صدای
قمّه میآید
و در نزدیک
زمزمهٔ
زبانهای
ناشناخته
در حروفِ
غفلت
و
ازدحام

ساحرانِ
بخود رسیده
آتش را
بخورشید
بارمغان
برده اند
و در چرخشِ
اخترانِ
بازیگر
پرتابِ
اخگرها
پرومته را

بجوانه
میخواند
من
ساحرِ
میگسارِ
حاشیه های
شعله های
بی امان ام
که تصویرهای معلق را
از بندهای
لحظه های
متحجر
بیرون کشیده ام
و خاک من
از بوی شعله ها
لبریز است

من
سیاوش را
از آتش
و پرمته را
از چرخشِ
زنجیر
به افسونی
باز خوانده ام

و پرندهٔ
بِی تعبیر
در حفره های
روشنِ
خونم
نشست ای
همیشه
دارد
من
رمزِ
ساحرانِ
گیاه و آتش را
در خونم
دیده ام
و قطره های
تشکّل را
از مسیرهای
آتش
گذر میدهم
رموز
بازیافتهٔ
نگاهم را
پیرانِ
صبور
به تبسمِ
بِی زمان
میبَرَند

و
در نقوشِ
بِی خطوط
گم
میشوم
وقتِ
شستشوی
نامهای
شرم
و
دعوتِ نسیم
بر کلامهای
بیگانه!
در پوستم
التهابِ
سوختن
سرودِ
گرما
میخواند
آتش
از
رقصِ
پوستِ
منست
با
پوششپرها

و باز
پرنده
باز میشود
از
خود
از
انحنای آتش
پروازش
منحنی است
و
با نگاهش
شکوفه های
منتظر
پروازِ
پروانه ها را
در سکوت
میرقصند

و در انحنایش
جوانه هایم
با تو
در گذارند
در
چرخشِ
آتش!

این بار
نامی ازدفترِ
ساحرانِ
آتش
پرواز
کرده است
که کلامهای فرسوده را
بآتش
میکشد

نورِ پریشان

۱۳۹۰
۲۰۱۱ میلادی/۲۵۷۰ ایرانی

ازگوشه های نور
میآیم
و
از وسوسهٔ شب
گذشته ام
زمزمه های کوچک
بسته های
نور بود
که در افقِ ناشناس
باز شد
همراهِ
ذرّه های
ناپدید
در گذشتِ رود
جرقه میزنم
و در زیستِ
مجسمِ
گهگاه
ترانه های
گیاهی
میخوانم
و با جوانه ها
اشتیاقم را
به باد
میسپارم
ودشت
از
رازِ رَنگ

پر میشود
من
زمزمهٔ
نور را
دررشدِ گیاه
شنیده ام
و شبهایم
پُر آواز است

کلیدِ
طلوع
در دستِ
باد
واهمه از پرتاب
ندارد
پیچیده
در
باد
همسفرِ
برگهایِ
نو رسیده
رازهایش را
در خود
تکرار میکند

و نور
در صدایِ
مرموز
باز میشود

تبخیرِ
نقطه ها
به نور
مکثِ
باد
در
تخیلِ
طوفان
با تصویری از
کلام
نگاهم
پرواز میکند

گذشته
از
اعدادِ
سر در گم
ساقه های
علفی را
بدنبالِ
جرقه هایش
منحنی
میکند
وبهار
در نگاهِ
شکوفه هایش
زخمِ
یخها را
میشوید

پوسته های نور
در باغچه
ریخته اند
نورِ
عریان
در خط
نمیگنجد

من
رشدِ
پاپیروسها را
در
وزشِ نگاهش
دیده ام
و قایقهای
متینِ
اندیشمند ای را
که بر نور
میرفتند
وقتیکه
قطره های
سوگ
از نرمشِ
نیل
آرام
میشدند
و برگهای
نور
پاپیروسها را
بیدار
میکردند

در سایهٔ
گیاهانِ
ملتهب
در آفتاب
نشسته ام
ریزشِ
لحظه های
نور
التیامِ
سایه هاست

با
ضربه های
نورهایِ
خوابیده
در
من
راه میروم
و
در کشش هایم
التیامی
نیست

از زخمهای من
صدای
شکستن
و
تَرَکهای
هاشور کشیده
به عمقِ خاک
میآید
این
بادِ
بالهایِ
پرندهٔ
شب ساز است
که
در تعلیقِ
نوری اش
به گیاهان بال میکِشَد
و
پوشپر
میریزد

شب
در سکوتِ
نوری اش
رازِ
افق را
میداند
و آرام
روشن است
من
در
بطنِ
رازهایِ
ساحرانه
با صخره های
متراکمِ
مطمئن
به بازیهایِ
مانوسِ
خستگان
آویخته ام
و
آینه هایم
در غلظتِ
خنجرهایِ
چسبنده

تصویرهایِ
مخطط
میسازند

نورهای
بی لحظه
در تارهای
پوشپرهایش
منحنی
میشوند
و
سایه هایم
شکلِ
آینه های
بی بُعد
میگیرند

من
با ترنمِ نور
میچرخم

و
جریانِ
خونم
از
نسیمهایِ
خورشیدهای
آشنا
و
ناپدید
تند
و
آرام
میشود

نورِ
ساکت
شتابی
ندارد
و مفاهیمِ زمان را
در تشکّلِ سایه
میسازد
و
بر باد
میریزد

در جستجوی
ریشه های
نور
به هاشورهای
پوشپرها
رسیده ام
ودر ساقه های
گیاهانِ
علفی
نکته های
منحنی
نفس
میکشم

در پوشپرهای
ریخته
بر
آب
قصهٔ
پرواز است
نور
بر لایه های
آب
پوشپر ها را
بیدار
کرده است

کنارِ
باغچه
بوی پوستش
یاسها را
رنگ میزند
دستهای من
از چین های
نگاهش
بوی
یاس
گرفته اند
ابهام
زخم
و
پرواز
در لرزشِ نور
یادهایم را
تکان میدهد
اما
حباب
از
خارهای
ایستاده بر گیاه
و
ریخته بر خاک
منحنی
میسازد

و صدای
نور را
در پوستش
رنگین
میچرخد

گیسوانت
در نور
پیچیده است
و تارهایت
انحنای
نورهای
شکافندهٔ
نور اند
در افقِ
رنگ
در
رنگ

از فضای
کوتاهِ
مکعب
قطره
قطره
بیرون
میچکم

در
بُعد

بی خطوط
از تفاسیر
=ساکت میشوم
و اجسامِ
من
رموزِ
دیگرانه ای
باز میکنند

نقطه های
نگاهت
امواج
پلکهایت را
بخونم
ریخته است
نورِ
خونم را
پرنده های
پرواز نشین
میبینند

و در خورشیدهای
منتشر
همزبان
آشیانه میسازند
اما
صخره های
خارا
در ابهامِ ماندگاری
در نشستِ
پوسته هایم
راسب اند.

و گیاهانِ تازه
را
در اشتیاقِ
ممزوج
در
ذرّه های
بی تفسیر
به رنگ
میکِشَد

من
درمنحنیِ
حبابِ
نور نشین ای
ساکن ام
که
هوسبازی اش
باد میانگیزد

در بادهای
نشنیده
خیالِ
برگ ام.
درخت
در جریانِ
خاک
پرنده هارا
صدا کرده است
و
افق
تنها
سرخ
میشود

حلقه های
باز
رمز
در
رمز
میریزند
و تخیلِ
نورهای
ندیده
صخره ها را
ملتهب
کرده است

زخم های من
در خونِ سرد
بسته اند
در گیجیِ
ضربه های
قیاس
و
خطِ
زمان

نورِ
نگاهت
خورشید را
تکان میدهد
و
بادهای
مرتعش
میسازد
سایه های
شبانه ام
از داستانها
پُر اند

نور
پوسته هایش را
درافق
ریخته است
وساقه های علفی
در شهوتِ
عریانیِ
نور
قد میکشند

در تخیلِ
نسیم ای
از
نور
رگهایم را
در ساقه های
نرمِ
خونریز
پیچیده ام
در گیجیِ
علفی
حروفِ مرموز ای
مسیر نگاهم را
پر میکنند
و من
راز ابهام را
از گوشهٔ
چشمانش
میبینم
که آبهای
عمیقِ
متین را
به طغیان
میکشد

شقایق
در آفتاب
نور میسازد
ودر خورشید
شقایقی
باز میشود
از هر دانه
سیاه
در
سیاه
خورشید ای
خطوطش را
به افقهای
نا آشنا
میفرستد
و ناگهان
در جنگلهای نور
از گیاهانِ منحنی
داستانهای
بی بُعد
نشت میکند
و من
بیادِ خونم
رنگ میپراکنم

با چشمانِ بسته
نگاهش
تا کجا
میرود؟
در گوشهٔ
لبخندش
پرنده ای
نشسته
و
خطوطِ نور را
با منقارش
از بر
میکند
دستم را
ببالهای
پرندهٔ
غریب
میکشم
و
خانه ام
پرواز
میکند

باز آمده
از
خوابهای
ملتهب
پلکهایم
در خطوطِ
نور
تکان میخورند
و صدای
پرنده های
نور
یادگارِ
خوابهای
آغشتهٔ
منست

من
در جستجوی
ریشه های
نور
به هاشورهای
پوشپرها
رسیده ام
واز ساقه های
گیاهانِ علفی

نکته های
منحنی را
نفس
میکشم
در پوشپرهای
ریخته
بر
آب
قصهٔ
پرواز است
نور
بر لایه های
آب
پوشپرها را
بیدار
کرده است

میدهد
و دیوار
در اشتیاقِ
ابرازش
در هجومِ
اشیاء
محزون
بی نور
در خود
خراب
میشود
پیچیده
در
اجسامِ
تار

در خانهٔ
نشسته
در
من
صدای
اشیاء
سالها
زیسته
پرده های
حزن را
تکان

صدای
خفیفِ
دیوار
جدارِ
رگهایم را
میخراشد
نگاه میکنم
و
نورهای
شبانهٔ
دشت

از عمقِ
ماه
و یادهای
خورشید
نسیم ای
به
سَحَر
میریزند

من
نگاه میکنم
و
میگذرم

اما
فضای
نور انگیز
عصاره هایم را
در تابش بی نقطه اش
لمس میکند
و من
ترانه های
رنگ
به
رنگ

را
از گوشه های
نشناخته
میشنوم

و باد
بوی
یادها را
بدستِ
نور
میسپرد

ابرِ
نور
دشت را
با یادهایش
موازی کرده است
گیاهانِ
ساکتِ
دشت آمیز
درزمزمهٔ نور
خاطراتِ
دانه ها را
باز میکنند
ابر
در نمایشِ
خود
صبر کرده است

قطره های نور
با منحنیِ
خاک

در فکرِ
طوفانِ
خورشید اند
از چشمانِ نور
صدای
تخریب
میآید
و
ساختن!
و خاکِ منحنی
بر پوستش
میلرزد
من
نشانی از گیاهی دارم
که
نیست!
گیاهِ نیست
جوانه میزند:
"من
عینِ
بودنم!"
و با برگهایش
نسیمی از نور
میسازد

و لایه های نور
تمامِ
گیاه را
در ابعادِ
بی شمارِش
ابراز میکند
در
گلوی من
بغضِ
آوای
دورهاست
و من
از آهنگهای
افسانه
دیوانه وار
دورم!
پوست من
از لرزشِ
برگها
میلرزد:
"ما
در بادهایِ
نور
الحانِ
موجوداتِ
غریب ای را
شنیده ایم

که مفاهیمِ
صوت را
دل انگیز میکنند!"

در خود
مینشینم
و
در خود
باز میشوم
و
در خود
بفضایِ
افسونگرِ
افروخته
میروم
من
با اشکالِ
چرخندهٔ
نوری
در نور
میچرخم
و با اجسامِ
بی ثقل
در تبادلِ
هدایای
تولدِ
ادغام ام!

سرودِ
نور
از مِه
سرخیِ
شقایق ای ساخته
که افق را
در دیدگانِ
ملتهبِ
مشتاق
مهربانانه
شکلِ
حزن میدهد
و
شادی!

قطره هایِ
نور
افق را
پر کرده است
از اشکالِ
نوری
بوی تو
بخونِ
گیاه
ریخته است
که پلکهایم را
در نرمشِ سَحَر
منحنی میکند

نورِ
سنگ
در باغچه ام
برگ
چنار است
و
جدارِ
پاپیروس
که کنارِ
کلید
و
آینه
خورشید
میشود
وقتیکه
نورِ
سنگهایِ
دور
نزدیک
میشد
قصه ای
در
جنگلِ
پرهایِ
ریخته
پرنده را
به شورشِ

خورشید
میکِشید
که
با حروف
و
اعداد
از
حروف
و
اعداد
بگذرد
و از خورشید
خورشیدهای
ندیده
بداند
و
از
ماه
غزلهای
قرونِ
فراریخته.

با
ترشحِ
خورشید
گیاهانِ
نیم روئیده ام
به آوندهایشان
دست میکشند
و
دهکده های
نیم خواب
در بطنِ
انسداد
لبخند
میزنند
و برکه های
غلیظ
در آئینه های
جاری
به عصارهٔ رود
میرسند

من
درگذارِ
بی امانِ
باد

به
مکانهای نوری
رسیده ام
ونشستِ
افکارم
از خورشید
به
خورشیدهاست
شورشِ
نور
مرا
به سکوتِ
ریزش
در خود
خوانده است
آنجا
که
پرنده ای
آتش انگیز
به شاخه های
سبزِ
مشتاق
نورِ
رنگ آفرین
ریخت

و
در نگاهم
جستجوی
چرخندگانِ
نور افروز!

اکنون
تشکّلِ
حبابهای
خورشید است
بر
فضای
بی بُعدِ
بودنم
که
در تنفسِ
باد
از خود
میرهد
و در
ترنمِ
برگهای
نور
دوباره
میطپد

رنگِ
حباب
در آفتاب
کلامش را
در خود
باز
میکند
و افق
به شستشوی
خود
دررنگهای
بازیگر
گم
میشود
حبابِ
برگ
حبابِ
سنگ
حبابِ
نور!

در لایه های
مواجِ
بی تدبیر
و خاک
اینچنین
حباب
میچرخد
ودر زخمهایش
رنگ
میریزد
و من
ناگهان
در یادِ
زرد
و
سرخ
و
بنفش
به ستاره هائی
میریزم
که خاکِ سرای
خود را
صدا میکنند
و
در هر
چرخششان
ترشحِ نور

قطره های
یادهای
منست
و ناگهان
سکوت!
من
شکلِ
حبابی ام را
در لایه های نور
دیده ام
و
با حبابهای
ذرّه های
بی جسد
میچرخم
نورِ
سیل
نورِ
سنگ
نورِ
بالهای پراکنده
در باد
نورِ
اشتیاقِ اقاقی
و
برگهای مهاجر

که از کودکیم
تا
لحظهٔ طلوع
دستانم را
در یادهایش
فروبرده اند

نور
از هاشورهای
پاپیروس
قایق را
تکان میدهد
و آوازِ
سَحَر خوانانِ
نیل
حفره های
خیالم را
به خورشید
میبَرَد
کسی
از افق
گذشته است
و قایق
عصارهٔ
حزنش را
بآب
میریزد.

نگاه کن!
پاپیروس ای
جوانه میکند
که
خطوطِ نور
از آن
مرتعش اند.
در ستایشِ
خورشید
در خونم
باز میشوند
و
انگشتانِ
دوست ای
پوستم را
روشن
میکند.

من
ساحرِ
ناشناختهٔ
گیاهِ
پروازم
که
در برگ ای
با
نگاهِ پرندهٔ
عصیانگر
به پرواز
گریختم
و با
آرامشِ
پاپیروسها
نیلوفرانه
به خورشید
ریختم

من
با ساحرانِ
راز آمیزِ
نور نشین
هم آوازم
و ترانه هایمان
از

بوی
نیلوفرهای
ناشناس
موّاج است.
دستانِ
نور
از نگاهش
گرم است
و
قطعیتِ
خطوط
درچرخشِ
پوستش
منعطف!

صخره های
پُر خاطره
نورهای
مسافر را
منحنی
میکنند

ازگوشهٔ
تماشاگاهم
برگها
سبزیِ
خورشیدی شان را

به گفتگوی باد
میبَرند
و نگاهم
زمزمهٔ
خورشید را
در ذرّه های
سنگ
میبینند
لایه های
نور
در نفسهای
پاپیروس
کلامِ
مرا
شکل میدهند
من
از بطنِ
خورشید
ساقهٔ علفی
آورده ام
و داستانم را
پرنده های
سرخ منقار
در جستجوی
خورشیدهای
بی زمان

در اصواتِ نوری
باز میخوانند
حباب ای
در جستجوی
رموزِ
محو
ترانه ای
به باد
میریزد
جریانِ
خونِ
گیاه
از نیل
تا
پوستم
دیوانه است

نورِ پاشان نسیم

۱۳۹۱
۲۰۱۲ میلادی/۲۵۷۱ ایرانی

بوی
نسیمِ
نور
عصاره ام را
بیرون
میکشد
نگاهِ
عصاره ام
برمن
نزدیک است
نگاه من
در باد
گیج

نگاه من
با رِنگِ
نوکِ
پرنده ها
پرواز میکند
و برایم
ناگهان
همه چیز
عجیب است

از شهرِ خورشید
میآئی
که
بوی نور
میدهی؟

نسیم
در اطاقم
میپیچد
و نگاهم را
با خود
میبَرَد

آهنگرانِ
نشسته در خورشید را
دیده ام
که لبخندشان
بادهای کهکشانی
میسازد
و چکش هایشان
نقطه ها را
برباد
میدهد

من
مسافر
شهرهای
سیالم
که درکوهپایه های
جاری
و
دشتهای
ریزنده
بر آبهای پریشان
پر گشوده اند

شروعِ
پرهایم
در منحنیهای
بی شروع است
و پروازم
در نسیم
نشت میکند
آهسته
بالهایم
در باد
پارو
میکشند

و
پوشپرهایم
از صدای
ذراتِ
بار ریخته
پرواز
میگیرند

این رود
با نگاهم
موازی
میرود
در یادِ
گیسوانی
که
آب را
منحنی
کرده است
قصه میخوانم
و خیالم
بر من
شورش میکند:

"صدای
ریختن
موهایش
بر آب
انعکاس ذرّه ها بود
در چشمانِ
خوابیده ام"

آب
در تارهایش
در خود
پیچیده است
و انحنای
ساقهٔ گیاهی
از
شورشِ
آرامِ
آبهاست

طپش
تارهایش
در آب
صدای پرنده را
میشنود
که از بطن رود
به شاخهٔ بی تدبیر
خطوط منحنی
میکشد

حروف من
در ابعاد
خالی از حواس
شکلِ شناخت
میگیرد
و هیاکل
بی تصویر
در آینه های
سیال
خیالم را
تفسیر میکنند

پوشپرهای
نور
در اطاقم
پرواز میکنند
و در نسیم
بوی
رنگریزه ها
می آید
نورِ سنگ
آینه ها را
بیدار کرده است
و چشمانم
در مسیرهای
گیاهی
رشد میکنند
که با سحر
به غروب
منحنی میکشند
و پلکهای من
ابرازِ
سایهٔ
گیاهانِ
علفی است

من
تمام
پرهای
پرندهٔ
آتش را
بخاطر
سپرده ام
اما
هربار
جوانه های
نو
میزند
و من
در شمارش
گم
میشوم

بر بالِ نور
مینشینم
و انگشتانم را
در پوشپرها
فرو میبَرم

کُره ای
از آینه
مرا
دنبال
میکند
و انعکاسِ نور
اشباحم را
محو
میکند
زاویه هایم
منحنی اند
و منحنی هایم
در آینه
میچرخند
نیلوفرهایم
قد کشیده اند
و انگشتانِ من
با این حروف°
منحنی°
کشیده
میشوند

صدای من
با ریزشِ
نور
نیلوفرها را
بیدار
میکند

و
پاپیروسها را
در ترنمِ
کهکشان
به رقص
میکشد
با تماسِ
نسیمِ
نور
از دستانم
ستاره
پخش
میکنم
و در
لمسِ انگشتانم
جوانه ها
باز
میشوند

من
با
پروازِ
سَحَر
در
پوستِ تو
ریختم

و
در خونت
اهتزازِ
نورهایِ
نیازت را
جاری
کرده ام
مرا
آسان
میشناسی
رَنگِ
حروفم
در نسیم
پریشان است
و
نیازت
رنگ را
از باد
میپذیرد

برگ
آرام است
در آوندهایش
میرقصد

شب
از
چشمانِ

تو
روشن است
و چشمانِ
من
از نورِ
تو
آینه!

از
بطنِ
صخره ها
میگذرم
و
باد را
سرگردان
میکنم
که
نقشی
از
تو
پوستم را
صدا
کرده است
که
در
گردبادهای
آتش

جوانه های
مست
میزند

بر رقصِ
ذرّه ها
نشسته ام
و با
نسیمِ
نور
پرواز
میکنم
در سلسلۀ
نور پاشانِ
پریشان
ذرّه هایم
فراهم
دیوانه اند

در انعطافِ
نورهایِ
دیگر
آینه ها
معکوس
بابرازهای
بی خود
رسیده اند

و قدمهایم
شکوفه های
رنگهای
از خود
بیرون ریخته را
بخود
میخواند
و سایه هایم
نورهای
روز را
مبهوت
کرده است

در تبخیرِ
سایه ها
نقشِ تو
باز
میشود
نگاهم
از
آینه
گذشته است

از کنارِ
خطوطِ
محکم
میگذرم
تنها
منحنی ها
بیدارند

نور
از نگاهِ تو
منحنی است

در ضربه هایِ
روز
با قصه هایِ
خوابهایم
موازی ام

و
تنهائی من
از اشکالِ
بی بُعد
پُر
ترانه است

خاطراتم را
با
هاشورهایِ
نور
میسازم
و صورتهایِ
گم شده را
از التهابِ
آینه ها
موّاج
بیرون
میکشم
این
رمزِ
سرخ
ذرّه های
نور را
برآب
میریزد
و
در حفره هایِ
تنگ نشینانِ
دربسته
رنگِ
سرخ
میپراکند

ذهنِ خورشید
در خون من
میطپد
روزها
کوتاه میشوند
و
خون من
در بویِ
گلهایِ
اساطیر
محو
است
نگاه تو
سنگ را
بخورشید
میبرد
و خورشید را
در
ساقهٔ
نیلوفر
منحنی
میریزد

در سکوتِ
منتشرِ
ناظر
صدایِ

ذرّه هایم را
با خود
نسیم
کرده است
و
آرام
آرام
ستاره ها را
میشکافد

فضای
پوست
من
از جنسِ
آتش است
که
اینطور
پنهان
و
ریزنده
مهر
میپاشد

و
ترّنم را
در نوک
پرنده هایِ
سالدیده
می نشانَد
و خاک
از
دانه های
کاشته
غزلخوان است

من
شاهدِ
رقصِ
خورشیدهایِ
شورشگرِ
ترانه سرایم
و هاشورهای
نگاهم را
خنیاگرانِ
مست
میشناسند
که اندوهم را
در
دُردِ
شرابهای
شبانه

نوشیده اند
و
با
دَردهایِ
اساطیری
در انتظارِ
سَحَر
خیالهایِ
خورشید وَشانه
میپردازند
و
پروازشان
حاملِ
نیازهایِ
آب° آغشتهٔ
منست

خورشیدها
در نیازِ
آتشینِ
آب
قطره هایِ
نور
میریزند

و
چکّه هایِ
نیازهاشان
یادهایِ
قرونِ
راز را
در خود
باز
میکنند

پروازِ
چکّه ها
در بادهای
پیچندهٔ
نور
ستاره
میسازد

تو
در کدام
ستاره
منزل داری
که ابعادت را
از نسیم
بپرسم؟

سرزمینِ
خیالِ
من
در آینه
افتاده است
و
قلبم را
میشناسد
که
در باد
طپشهای
جستجویِ
خاکش را
بر خود
میکوبد
و با
هر ضربه اش
دوست ای
بیدار
میشود

روزهای من
از شب
روشن اند
زمزمهٔ
پاپیروسها
شب را

بخواب
برده است
و
سنگها را
بیدار
میکند

اینجا
پرنده ای
پاپیروس را
باد
میزند
و
گیاهانِ
خورشید را
در نسیمِ
آوندهایشان
میچرخانَد

از افقِ
نورهایِ
غریب
درسَحَر°
آینه هایِ
سیّال
جوانه
میزند

به تماشایِ
تطابقِ
پوستم

با
نور
میروم
در تلنگرهایم
به
آینه ها
افق
موج میزند
و
مهرورزانِ
نسیم گستر
از راههای
دوُرِ
دیوانه
آرام
میرسند
و
من
در خود
طلوع
میکنم

پوشپر
بر آب
رود را
روشن
کرده است
و رود
بمن
میرسد

من
رازِ پوشپرها را
در
انحنایِ
نور
دیده ام
و
مسیرِ
پرواز را
که
در گامهایِ
رونده
در نور
محو میشود

آینه ها
بدنبالِ
نور
سایه هاشان را
ریخته اند
و
سایه ها
در پای
درختانِ
سالخورده
رموز
بیخود ای را
با پوشپرها
باز میگویند
و
برگها
به نسیم
موجِ
ترّنم
میریزند

من
مسیرِ
پروازِ
پرنده را
در چرخشِ
حبابها
باز کرده ام
و در آوندهایم
تداومِ
بارانهایِ
رنگارنگ
میجوشد

در سرزمینِ
سایه هایِ
رنگی
با

نورهای
منعکس
در خود
میروم
و تنها
گیاهانِ
منحنی
و
پوشپرهایِ
نسیم نشین

زمزمهٔ
گذشتنم را
میشنوند

من
هماغوشی
با سایه ها را
در کنارِ
نور
دیده ام
و با گیاهان
فاش ام

پروازِ
رنگِ
شکوفه ها
در
منطقِ نور
باز میشود
و
نسیمِ
رنگ
پوشپرها را
سبک کرده است

نگاهم
در دشتِ
مواجِ
پاپیروسها
روندگانِ
پریشان را
فراهم کرده است
و اکنون
وقتِ
داستانهای
نور است

در نسیمِ
ترّنم
بدنبالِ
نواهای
ناشنیده
پوستم را
میشکافم
و از خیالهایم
حبابهای
پریشان
جوانه میزند

شکوفه ای
فضارا
گرفته است

و باران
در پشتِ ابرها
منتظر
میماند

حرف من
با
منحنی های

نور
در
من است
در انحنای
نور
قدمهای من
منحنی اند
و پوستم
پوشپرها را
نوازش
میکند

بویِ
برگهایِ
نور

اطاقم را
روشن
کرده است
و
انحنای
چرخشِ
عطرهایِ
رَنگ
خطوطِ
تصویرهای
سخت ام را
در آینه
محو
میکند

در ابرازِ
گلبرگهای
شبانه
نور است
و در
مباحثِ
نور
بامن
پرنده ها
گوش میکنند
وپوشپرها
سفرهای
نسیم را
رقم میزنند
درکوچه های
مردّد
خیالهای
مکررِ
خسته
در دوایرِ
تودرتو
میچرخند

اما
پرنده ای
اینجا
بوده است
که
تارهای
پوشپرهایش
طپشِ خونم را
به خورشیدها
پرواز
میدهد

نگاهت
خورشیدها را
با آتش
آشنا میکند
دستانم را
به پوستت
میکشم
و
پرواز
میکنم

ازبالهای
آتش
حباب
میریزد
و از انفجار
حبابها
ستارگانِ
رقصنده
در بزمهای
سماوی
مست میشوند

صدای پرنده
بر پوستم
نور
میریزد
من
رنگهای
نغمه های
سالیان را
دیده ام
و حروفم را
تنها
تصویر گرانِ
دیوانه
میدانند

در فضای
خورشید
و
آینه
گیاهان
حریرهای
نور
جوانه میزنند

و
دیوانگانِ قرن دیده
پوست
میریزند
عکسِ
پرنده هایِ
خورشید نشین
آینه ها را
تبخیر
میکند
در نسیمِ
آینه ها
تصویرِ
پوشپرهاست
و
ازصدای
پوشپرها
منحنی
میریزد

من
تفسیرِ
بی بُعدِ
خون ام
در ذرّه های
نور

من
پروازِ
پوشپرهایم
برآبهای
پریشان
و ناظرِ
پیچیده
در ذهنِ
قصه های
ستاره های
نور شکن
و
نور ساز!

من
دانهٔ
ذهنِ
دیوانگانِ
پنهانم
که آسان
از کنارت
میگذرم
و
نسیم ام را
به خوابهایت
میفرستم!

من
تخریبِ
تشّکل
سالکانِ
بی خویشم
که نورهای
دیوانه را
مست
کرده ام!

من
بر دشت و آب
تارِ خیال
کشیدم
ودر خونِ
پیرانِ
منتظر
جوانه زدم
حروفِ رفته
در دستانم
با شکلِ نور
حاضرند

من
خاک را
بر پوستم
خورشید
میکنم
افسونگرِ
تاریخِ
خاک

جشنِ
ذرّه ها را
در ذهن
سنبل و
پرنده و
آتش
میپاشم

من
از خونِ
خورشید
بر پوستِ
پاپیروس

کلام
کشیدم
و
نوربازانِ
نیلوفری ام
در هماغوشی
نور
و
پوست
جوانه های
پریشانِ
آرام اند

من
در آینه های
سیّال ام
تار بافانِ
نور را
دیده ام
که لبخندشان
حاشیهٔ
برگها را
رنگ میزند
و
از خورشید
به
خورشید
میروند

تا
نگاهشان را
آبیاری کنند

من
رودهای
نشسته
در خیالهایش را
میشمارم
و از اعداد
رها میشوم

شهرِ
پر نور
باریک است
روزهای
نورهای
افسرده
و
گیاهانِ

خالی از
رنگ
و
بو
داستانهایشان را
در نگاهم
ریخته اند

خورشید
باز میشود
من
از قطره های
ساقه های
نیلوفر
شکل گرفته ام
وبا نور
خم
میشوم
و آینه ها
در نگاهم
خود را
دیده اند

من
در انحنای
رموزِ
خطوطِ

ناشناس
پیچیده ام
و خونم
رنگِ
سحرگاهانِ
ناپیدا
دارد

شهرِ
شبهای
تاریک
روشن است

پوست من
از ذرّاتِ
منوّرِ
شبانه
پر مهر است
و
با نسیمِ
بوهای
نورهای
مهرانگیز
میلرزد

شهرِ
آرامش
نورهایش را
میریزد
و من
در کنارِ
ریزش
بخواب
میروم

پلکهایش
از انحنای
حبابهای
نور است
پرندهٔ
آشنای
دو سویِ
آینه ام
از بطنِ
نور
میگذرد
و
لرزشِ
نور
میسازد
که
با خونم
داستانسراست

با اتصالِ
نور
هر سَحَر
نیلوفرانه
باز میشوم

و
با صدای
نسیمِ
پاپیروس
حرف میزنم

پلکهایم
حرکتِ
حبابها را
دنبال میکند
و
رمزِ
نسیم را
میداند

و
نگاهم
از
ذرّه های
نور
پُر
و
خالی
است

بالهای
پرندهٔ
خورشید نشین
افق را
پرواز
میدهد
و من
در لطافتِ
پوشپرها
رموزِ
مهر را
باز میکنم

توازی
حبابها
با
پیچشِ
پوست
منحنی است
و
لحظه هایم را
به
نورهای
بی بُعدهای
ترانه سرا
میبرند
و من
درترّنمِ
رنگها
موّاجم

آبیِ سیمرنگ

۱۳۹۱
۲۰۱۳ میلادی/۲۵۷۲ ایرانی

با نسیمِ
هاشورهایِ
منحنی
پلکهایم
روشن
میشوند

تمامِ روز
آسمان است
افق را
به خورشید
کشیده
و
صدایم
میکند:
"ترا
روزها
دیده ام
و
شبها
سالها!
وقتِ
نگاهِ
تو
نیست؟
دیده ام
از لحظه هایت
پُر است

وقتِ
هاشورهای
تو
نیست؟"

ساکت
به جریانِ
منحنی های
زیر پوستم
میریزم
ذراتِ
مصمّمِ
رنگارنگم
در نگاهِ
رفته در لایه های
آبی
پخش میشوند
و پلکهایم
ناظرند

سؤال
از خونم
تبخیر میشود
و چشمانم
از بخار
سرخ است

در جستجوی
پوشپرهای
گریخته
خاک
زیر پاهایم
آب شده است
من
درختانِ تنومند را
دیده ام
که
بر امواجِ
برگهای
جوان
میلرزند
و ثبات
قرونشان را
در باد
گم میکنند
نگاهِ من
با امواجِ
رها
میلرزد
و
در شب و روزِ
پلکهایم
نور
در نسیم
جاری است
که پوستم را
از مسیرِ رگهایم
به کناره هایِ
برگهایِ
منتظر
میکِشَد
و میگذرد
که
نگاهت
لایه های آسمان را
نازک میکند
که با طپشِ پلکهایت
از خود
میگذرند
و از هر لایه
پوشپر ای
پرواز میکند
و حباب ای
نسیمِ شکفتن
به شکوفه های
مردّد
میفرستد

شب
طویل بود
و آسمانِ
همنشینِ پوستم
دورا!
در شبانه های
شکسته
هوای
پیچیده در خود
از پنجره ها
نمیگذرد
و خیالِ
تحریرِ گرانِ
تعلیم دیده
بر کاغذها
راسب است

در هر کنار
آینه ای
ساخته ام
و هر آینه
نگاهم را
به گوشه ای از پوستم
باز میکند
در هر نگاهم
آینه ای
میشکند
و

شکسته ها
رازهایِ
ساده ام را
برمن
برملا
میکنند
گوشم را
به تبخیر
پیچیدهٔ
نور
از آینه هایم
سپرده ام
و
حروفم را
به کناره های
گلبرگهای
نوباز
میکِشَم
و باد
در شاخه ها
باز میشود

راه
بر پوستم
دراز بود

اما نگاهم
از سنگ
میگذشت
و با باد
به قصه های دور
می نشست
و با طپشهای حماسی
باد را
به برگها
میسپرد
و
به نور
میرسید

با گوشم
نشَسته بر خاک
خوابیدم
صدای قصه ها
در خاک
میپیچید
و گوشهایم
از طول وعرضِ خاک
میگذشت
"پوستت را
پُر آب
نگهداشته ای

از خشکیِ
داستانهای بلند
نمیترسی؟"
"پلکهایت
از ضربهٔ
ذره های خاک
در بادهای مسافر
نازک است
از ذره های نور
بر عمق چشمهایت
نمیترسی؟"
پوست من
از خود
گذر کرده
من
بی جداره
راه میروم
و نگاهم
در این سفر
از کنار چشمانم
میگذرد
من
تصویرِ
منم
در آینه های
خیال

و از
حقایقِ
متقن
رؤیا میسازم
و رؤیاهای قرون
در تحرکِ
بی جداره ام
سنگین اند

حروفِ
همنشینان نور
در تشکّلِ خاکی ام
زبانه میکشد
و
همنشینانِ سنگی ام
از گفتگوی من
با
گیاه
خنده میسازند
و
خاک را
از جداره هاشان
میتکانند
من
در زمینِ
آشنایِ روزانه
غربتِ
روشن ای دارم

و خطوطِ
متقاطعم را
در کوره هایِ نور
منحنی
کرده ام

صدای خاک را
میشنوی؟
صدای نور را
میبینی؟

و
پرنده ای
کنارم نشسته
و
ساقهٔ پاپیروس ای
برگهایش را
به
بی جدارگی ام
میکشد
سرود خوانانِ
اشعارِ
بی بُعد
از راه
میرسند
و این لحظهٔ
منفجر

آرام
حاضر است
در
گذشت

راه
آشکالِ اندازه را
رد میکرد
و فصولِ
در بندِ زمان را
به نگرشِ
رَنگ
و
لمس
میخواند
نظاره گرانِ سنگ
مبهوتِ شهر
و
مناره
بر قالی
نشستند
و
راه جویانِ
سؤالاتِ
بی پاسخ
به طنابهای
قرونِ
جامد
پیچیدند
ببین!
پرنده
بی زمان
میخوانَد
و
برگ
در ابرازِ
حالتش
رَنگ
میپاشد

گیاهانِ
گلهایِ
آبی
آسمان را
رَنگ میزنند
و
گیاهانِ
آبزی
عصاره هایِ
نیلی شان را
به باد
میپاشند
ببین!
کسی
در آب میروید

خیالش
مرا
بیدار کرده است
کسی
در خوابِ
شبانهٔ
خورشید
شعله میریزد
کسی
خونِ
چرخندهٔ
باد است
و
کسی
در کوچه های
سیمان
قصه های
لحظه هایِ
در ساعت نشسته
میخواند
و
با قهرمانانِ
سالهای
در شمارش
سر میکند

در لحظهٔ
آسمان
و
آب
و
سنگ
پرنده ای
پروازِ
بی زمان را
به تصویر
کشید
خطوطِ
منحنی اش
شعله
بر مسیرهایِ
باد
سپرد
و من
پلکهایم را
باز کردم:

کهکشان
کنارم
خوابیده بود
و
در تماسِ
پوسته های
بی جداره مان
جرقه ای
باز شد

من
آتشی
کوچک
ساخته ام
که خورشید را
میشناسد
و
خورشید ای
دیده ام
که زبانه هایش
با نگاهِ
شعله هایم
سرخ
میشوند

من
زبانِ
زبانه هایِ
پیدا
و
نا پیدای
نورهای
دیده
و
از دیده ها
گذرا را
میدانم
و
گهگاه
در خوابهایت
پَر میکشم
و
تو
در بیداریت
از کنارِ
پوشپرهایم
تند
میگذری

کسی
در گوشه ای
مکث
میکند
و
پوشپر ای را
از روی پلک اش
برمیدارد

کهکشان
بر خودش
میپیچد
خوابهای
نوری اش
پریشان است
پوسته هایم را
به بادهایش سپرده ام
و
با چرخشِ
ستاره ریز اش
پرتاب
میشوم
"ذره هایت
کجاست؟"

آشکالِ
بی شکل
با اشارهٔ خیالم
در فضای
نیست
و
هست
منحنی هایشان را
در لایه های
نور
میریزند
تجسمِ
من
آینه ها را
تبخیر میکند
در
غبارهایِ
نوری
زمان
بَرگ ای است
و
اندازه ها
در نسیمِ
رنگ
حل شده اند

با
حروفی
موازی
و
با
معادلات
اِبرازم
از خطوطِ
قضّات
و
میله هایِ
اثبات
و
تردید
میگذرد

پارو زنانِ
تدبیر
و
معاملاتِ
پر سود
بر ماسه های
راسبِ
قرون
خط میکشند
نسیمِ
نور

قایقشان را
تکان میدهد
و
ابراز
بر
ماسه ها
سنگ میشود

نگاهم را
بر آبی
ریخته ام
رَنگ
نگاهم را
به ذرّاتِ نور
میکِشَد

و ذرّه های من
در نگاهم
محو
میشوند
شکلِ من
ذرّه ای است

من
بر کهکشان
خیال
میپاشم

فواره های ذهنم
در بادهای
منظومه های
رنگارنگ
خم
میشوند
و
با نورهای
پیچیده در هم
به خلقتهای
آشکالِ
بی دلیل
میروند

اینجا
کره ای
بود
اینجا
پرنده ای
برشاخهٔ
آشنایش
مرا
صدا کرد
اینجا
برگی
ریخت

اینجا
اکنون
سکوتی است
در پشتِ
نیازهای
نوری ام

اینجا
ساکت است
و اینجا
ساکت
نشسته ای
در حجمِ
طول
و
عرض ات
با زمان
چه میکنی؟
روزهای
خاکی
از
سنگ است
و غبارهای
نور
بر ذهن من
میغلطند

صدای
ذهنم را
کسی
میشنود
و
در نشاطِ
لرزشِ
بالهایِ
حشراتِ
نوزاد
منظومه ای
از مسیرِ دیروزش
به
گستردهٔ
بی روز
میرود

خیالِ
من
کنایه ای
از
ساختن است
و
رویشِ
گیاهانِ
نوری

و
تبسمِ
اشکالِ
بی شکل
و مفهومِ
کلامهای
بی دلیل
و
بی عادت

سکوت
بیدار میشود
در صدای
بیدار شدنش
کلامهای
آشنای
منست

و
شاید
تو
که
شکلِ
سکوت را
دیده ای

و
همخوابهٔ
نور
از لایه های
ذرّاتِ
لغزنده
میگذری

به خود
نگاه کردم
باران
از من
میگذشت
و بوی
خاکِ
من
بر برگهای
پاپیروس
رَنگِ
نیل
میریخت

شکل ای
از
نیل
صدایم کرد
صدایش
نسیمِ
پروازِ
من
بود
بر سنگهای
طرحهای
مجذوبِ
نور
و نورهای
مفتونِ
رَنگ
گفتم:
"خودت را
دیده ای؟"
و
نور
آهسته
خندید
از
نسیمِ
لبخندش
پاپیروسهای بارور
کنارهٔ
نیل را
از

اشاراتِ مرموز
پُر
کردند
و من
در گلهای
پاپیروس
بوهای
نشنیده را
دیدم

خورشید ای
باز میشود
ستاره ای
آبهایش را
به آسمان
میسپرد
و
برگها
و
شاخه ها
و
جریانِ
خونِ
دوندگانِ
سالیانِ
خاک اش را

به حفره های
یاد
میدهد

در پیچ و تابِ
نورهای
مداوم
پوسته هایم را
در منظومه های
سرگردان
ریخته ام
و
این لحظه
ناگهان
تاریک میشود
بدنبالِ
آشکالِ
نوری ام
تمام شب
خیال
میسازم

شب
لحظه ای است
که
با بینهایت
پیوند
بسته است
در
این
لحظه

باز
از کناره های
افق
شروع میکنم
خطِ افق
کوتاه است
و
پلکهای من
از انتظار
خسته اند

پلک
میزنم
در انحنایِ
بستهٔ
پلکهایم
افق
با
تصاویرِ منحنی
باز
میشود
پلکِ
پائینِ
افق
خاکستری است
و
پلکهایش
در آبیِ
خواب دیده ای
وسیع میشود

که
ماه ای را
دایره
میکند
نگاه من
در
سطحِ
ماه
میلغزد
و
ماه
در حلقهٔ
چشمهایم
ذرّه هایش را
آرام
و
مدام
میریزد
و
من
بخواب
میروم

خوابِ
تاریکی بود
که
ماه را
روشن
کرد

لایه های
شب
با
آشکالِ
نوری
خاموش
و
روشن اند
و
آسمان
از
خاکسترِ
آبی
پُر
است

در کنارِ
فوّاره ها
نشسته ام
و
ماه
در برابرِ
پلکهایم
فرو میریزد

بدنبالِ
ریشه هایِ
موجِ
برگ
به
عمقِ
آبهای
بی نام
میرسم
و
حروفِ
ناشناس را
در
تحرکِ
آرامِ
اقیانوسهای
بی مرز
پیدا میکنم

حرف
از
نورهای
نامعروف است
و
رَنگهای
معلقِ
بی
بُعد
در
کوچه باغهای
پنهان
پچ پچِ
اشکالِ
بی شکل
پیچیده است
و
ترشحِ
نوای
آشنا
از
نور
مرا
باز
بخواب
میبَرَد

در سهولتِ
رؤیا
نور
در
نور
شکوفا
میشود
و مفهومِ
لایه ها
در
بی شکلیِ
لایه ها
شکل
میگیرد
صبر میکنم
و دشت
وسیع است
از
منحنیهای
در هم
و
رود ای
از
منحنی ها
بخونم
وصل
میشود

از
ریشهٔ
پاپیروس
تا
منحنیِ
رگهای
پیچیده ام
در
تاریخ
کره ای
که بود
و
ستونهای
ایستاده اش
در
پیشِ
سالهای
رفته ام
ریخته

وقتیکه
نور
آینه ها را
محو
میکند

و
اجسامِ
کهکشانهای
بی
طول
و
عرض
از
وزن
خالی اند
ذهن من
حروفِ
پریشانش را
در
شعله های
کوچک
باز
میکند
در
تجمعِ
آشکالِ
بی
شکل

نگاهِ من
بخونم
سایه
می اندازد
ذرّه های
روشن
میچرخند
و پوستم
در
سایه روشن
لایه هایش را
به ابعادِ
ابهام
و
یقین
میریزد

در ذرّه ای
ستاره
خاک
میشود
در ذّره ای
کلام
در
شعر
خون
ریخته است

وقتیکه
خاک
رفت
کاغذها
بخورشید
رسیدند
و کلام
در لایه های
آشکالِ
بی شکل
جا گرفت
این ذّره ها
آهنگی
دارند
که با کهکشان
میرقصد
و
به رگهایم
زخم
میزند
من
در فضای
ابرازِ
بی تشکّل
پریشانم

ولی
ذّره هایم
آرام
خاک را
تجربه میکنند
در تنفسِ
روزهای
ثقیل

و روزهای
ثقیل ام
هر لحظه
در
لحظه های
نور
مفهوم
و
تبخیر
میشوند
و هربار
تشکّلِ
آشنای
بی شکل ام
منحنی هایم را

به اتصالِ
تسلسلِ
نورهای
بی دلیل
میکِشَد
و من
در خود
باز
میشوم

از نقطهٔ
تبلورِ
ابهامِ
علتها
و
سرگشتگی
معلول
در
رَنگهای
لایه های
موازی
ترنّم ای
با من است
آینه هایم را
بارها
میشکنم

در هیاهوی
تکثیر
تصویرهایم
در
منحنی های
نور
محو
میشوند
در
گستردهٔ
آبیِ
روشن
در نگاهِ
خاکی ام
روز
تاریک است
به صحبتِ
ذراتِ
رنگ
کلامِ
ذرّه های
نا پیدا
میریزم

پوسته هایم را
در لایه های
نور
نگاه میکنم
و
رگهایم را
در دشتِ
لایه ها
باز کرده ام
پرنده ام
بال
گشوده
مویرگهایم
به نیل
میرسند
و
پوشپرهایش
بر برگهای
پاپیروس
نشسته اند
در فضای
نورهای
آبیِ
سیمرنگ

بوی
نسیم
میآید
عصاره اش
را
در دشت
پراکنده
و
سفرهایش را
در
جرقه های
ذرّه های
لحظه
میسازد

من
کلامِ
کهکشان را
در
سکوتِ
دشتِ
زیرِ
پوسته هایم
میشنوم

چشمانم
در هر
طپش
افق ای را
باز
میکنند
این
پرندهٔ
منست
که
بر ساقه های
موج
سیلابهای
سالهای
بی زمان را
در این
لحظه
دیده است
در این
تفاهمِ
رَنگ
در
نور
آبی
موج
به
موج
میشکفد

و
در
ابرازِ
سیمرنگش
گسترده ام را
میپراکند
وجمع
میکند
این
پرندهٔ
برگهای
کودکی ام
بر
صخره های
داغ
منتظر
نشسته است
و
خورشیدهای
نادیده را
زیرِ بالهایش
پنهان
کرده است

پرنده ام را
بر قلبم
میفشارم
و
خونم
از
ابرازِ
خورشیدهای
کهکشانهای
ندیده
داغ
میشود

نورِ
نگاهِ من
در سیمرنگ
آبیِ
روشن است
و
در آبی
امواجِ
سیمرنگ
ابراز
میکند

در این
غروبِ خاک
نخل های
نیل
و
ساقه هایِ
پاپیروسهایِ
یارانِ
سالیانم
ابرازِ
نور
در گستردهٔ
بیحدودِ
من
میریزند
و
نورهای
اجسامِ
بی حدود
کنار من
رَنگ
میپاشند
پلکِ
غروب
به
پلکِ
سحر
میرسد

و در مکثِ
لحظهٔ
تماس
عالَم
به خواب
میرود

ما
خوابهای
هرمس را
دیده ایم
و
هرمس
در خوابهای ما
کلامِ
نیل
ریخته است

ما
اجسامِ
نور دیدهٔ
نوریم
از بُعدِ
بودن
بُعدِ
بی بُعدِ
نبودن را
باز میکنیم

و
در گشایشِ
پلکهای
جسم
و
نور
در سَحَر
در نورِ
آبیِ
روشن
معلق
بیدار
شده ایم
ببین!
پیچ
در
پیچِ
نور
دستهایمان
از طپشِ
قلبهایِ
اجسامِ
بی شکل
گرم است
و
صداهائی را
میشنویم
گوش کن!